Dirección editorial:
Departamento de Literatura
Infantil y Juvenil

Dirección de arte:
Departamento de Imagen y Diseño GELV

Diseño de la colección:
Manuel Estrada

El 0,7% de la venta de este libro se destina al Proyecto «Mejora de la Calidad y oferta educativa del ciclo diversificado del Instituto Tecnológico Quiché de Chichicastenango (Guatemala)», que gestiona la ONG Solidaridad, Educación, Desarrollo (SED).

1ª edición, 7ª impresión, mayo 2009

Carretera de Madrid, km. 315,700
50012 Zaragoza
Teléfono: 913 344 883
www.edelvives.es

ISBN: 978-84-263-4863-0
Depósito legal: Z. 1998-09

Talleres Gráficos Edelvives (50012 Zaragoza)
Certificados ISO 9001

Printed in Spain

FICHA PARA BIBLIOTECAS

NESQUENS, Daniel (1966-)
El canario de Brunei / Daniel Nesquens ; ilustraciones, David Guirao. – 1ª ed., 7ª reimp. – Zaragoza : Edelvives, 2009
86 p. : il. ; 20 cm. – (Ala Delta. Serie azul ; 3)
ISBN 978-84-263-4863-0
1. Humor. 2. Canarios. 3. Riqueza. 4. Premios. I. Guirao, David, il. II. Título. III. Serie.
087.5:821.134.2-32"19"

EDELVIVES

ALA DELTA

El canario de Brunei

Daniel Nesquens

Ilustraciones
David Guirao

Para Rafa, para Óscar, para Darío.

1

Los días de fiesta que caen entre semana son días diferentes, especiales. De momento, no hay que ir al colegio, por lo tanto, no hay que levantarse temprano.

Con esa intención me eché en la cama aquella noche, pensando que al día siguiente me levantaría tarde, muy tarde. A las diez. Pero no ocurrió así.

El sol no había hecho nada más que salir. Sus primeros rayos se colaban por las ranuras de la persiana. A través de la ventana me llegaba un ligero zumbido callejero y un «pío, pío» insistente.

El «pío, pío» destacaba sobre el ruido de los coches que a esas horas circulaban por las calles medio vacías. Me hice el remolón y me di media vuelta. Pero el «pío, pío» insistía. Era como cuando suena el despertador en las mañanas de colegio. Justo cuando más sueño tengo, justo cuando estoy más a gustito, suena «pi, pi, pi, pi». En este caso no era un «pi, pi, pi», era un «pío, pío, pío...».

No pude hacer otra cosa que levantarme de la cama. Medio dormido, subí con cuidado la persiana. No llevaba levantada ni la mitad cuando vi lo que vi: un pájaro. Un pájaro que tiritaba de frío. Tenía la cabeza escondida entre las plumas, parecía uno de esos ovillos de lana que utiliza mi abuela para hacer punto. Todos los oto-

ños nos regala una bufanda-evitacatarros a cada miembro de la familia.

Al pájaro no se le veían ni las patas.

—Pío, pío. Pío, pío.

Con cierta curiosidad subí un poco más la persiana; luego, abrí la ventana. ¡Qué frío! Avancé mi mano silenciosamente, poco a poco... Y lo cogí, lo atrapé. Era mío.

—Pío, pío. Pío, pío.

Sentí sus plumas sedosas, su cuerpo menudo, casi helado, su cabeza nerviosa, la baja temperatura del nuevo día.

Tenía atrapado el pájaro-despertador, pero no sabía qué hacer con él. Cuando suena el despertador basta con apretar la tecla oportuna y los pitidos dejan de molestar. Otra posibilidad es meter el despertador debajo de la almohada, pero creo que eso es algo que no se puede hacer con un pájaro. Además, el reloj se queda en la mesilla inmóvil, callado. Pero, ¿cómo conseguir cerrar el pico de aquel pájaro?, ¿cómo hacer para que se estuviera quieto?, ¿para que no volase?

Intenté seguir durmiendo con el pájaro en la mano. Fue imposible. Así que, con cierto pesar, di por terminadas mis horas de cama. Salí de mi habitación y, con sigilo, comprobé quién de la familia estaba despierto y quién seguía durmiendo. Mi hermana dormía como si fuesen las cuatro o las cinco de la madrugada: a pierna suelta. En la habitación de mis padres no había nadie. Bueno, estaba la cama con las sábanas hechas un rebujo, las mesillas de noche, el armario, la foto de su boda y todo eso. Pero mi padre y mi madre no estaban. A no ser que estuvieran debajo de la cama, pero no miré. Seguro que mi padre había bajado al quiosco a comprar el periódico. Seguro que mi madre estaba en la cocina preparando un delicioso desayuno de mañana de fiesta. Con el pájaro en las manos, fui directo a la cocina.

—Buenos días, mamá —la saludé, apoyado en el marco de la puerta.

—Buenos días, César —porque yo me llamo César, como mi abuelo; me contestó sin mirarme.

—Mira, mamá —le dije, poniéndole el pájaro-despertador delante de la cara. A menos de treinta centímetros de sus ojos azules.

No sé si fue por la impresión de haberle enseñado el pájaro o por la sorpresa del «clac» de las tostadas que salieron despedidas del tostador, pero mi madre se asustó. Yo también. Fue al intentar coger una de las tostadas que pasó por delante de mí, cuando, sin proponérmelo, solté el pájaro. Al vuelo cogí la tostada. Al vuelo se escapó el pájaro. Al suelo no cayó nada.

—¿Se puede saber de dónde has sacado ese canario? —preguntó mi madre.

Entonces, el pájaro era un canario. Yo, nada más verlo, sabía que no era un halcón, ni una perdiz, ni un águila imperial, ni un quetzal, que es el ave preferida de los guatemaltecos. Mis escasos conocimientos ornitológicos me hacían dudar de si se trataba de un colibrí, de un jilguero o de un canario, como me había aclarado mi madre.

El canario empezó a revolotear por la cocina. Por encima de los armarios, del frigorífico, del *microwave*, como dicen los ingleses. Se paró encima del grifo. Miró el panorama y voló hasta posarse sobre la licuadora. Intenté atraparlo. Imposible.

Mi madre, nerviosa por el susto, untaba y untaba mantequilla sobre la misma tostada. La capa de mantequilla era mayor que el ancho del pan. Si hubiese metido mi dedo índice en aquella mantequilla con tostada, habría desaparecido totalmente.

El canario voló y voló hasta posarse en la parte que sobresale de la olla exprés, que estaba cociendo algo. La válvula comenzó a girar sobre sí misma. El vapor comenzó a salir. «Piiii, piii»... El canario se asustó, y ¡de qué manera!, y voló desorientado. Otra vez por encima de los armarios, del frigorífico, de la mesa...

—¡Llévate ahora mismo ese bicho de la cocina! —gritó mi madre a todo pulmón—. ¡Cuántas veces te he dicho que no quiero animales en casa!

Y dejó de untar mantequilla sobre la mantequilla.

—Pero, mamá, si sólo se trata de un canario callejero. Me lo he encontrado esta mañana. Estaba en el alféizar de la ventana. Temblando de frío —le dije.

Pero mi madre, que me conoce de sobra, no se dejó impresionar por mi generosidad sin límites.

—¡Llévate ahora mismo ese bicho de la cocina! —volvió a gritar mi madre, siguiendo con la mirada el vuelo del canario.

2

El alboroto, el grito de mamá, como no podía ser de otra manera, despertó a mi hermana durmiente. Cuando mi hermana entró en la cocina y vio el vapor de la olla y al canario volando alocado de un sitio para otro, pegó otro chillido y se tapó los ojos.

—Sólo se trata de un canario —me excusé con una sonrisa.

—Un canario callejero —sentenció mi madre—. ¡A saber qué cantidad de enfermedades infecto-contagiosas no llevará en sus plumas! Miles de microbios esperando a hacer de las suyas. Cientos de microorganismos...

En ese momento el canario voló hasta posarse encima del reloj de cocina. La escarpia que sujetaba el reloj no aguantó el peso del canario. El reloj cayó encima del tazón preferido de mi hermana. Tazón y reloj cayeron al suelo. Ruidosamente. El tazón se hizo añicos. El reloj, también.

—Hay que llamar a los bomberos. Esto puede acabar mal —decidió mi hermana al comprobar que un canario dentro de una cocina podría ser peor que un incendio. Y lo dijo sin habernos dado siquiera los buenos días.

—¿Qué tienen que ver los bomberos con un simple canario? Los bomberos van de rojo, los canarios, de amarillo —argumenté tontamente.

—Ahora mismo llamo a los bomberos. Ellos lo resuelven todo. Todo —dijo mi hermana, descolgando el auricular—. ¿Cuerpo de bomberos? Se trata de una emergencia. Un canario callejero está en nuestra cocina. Por favor, ¿me oye? ¡Sí, sí! ¿Cómo que si está mi padre en casa? ¡Ya! Ahora se pone mi madre.

Y mi hermana pasó el auricular a su madre, a mi madre.

—¿Diga? ¡Sí, sí! Un canario lleno de cientos de microorganismos. ¿Cómo que cómo de grande? Del tamaño de un canario. ¡Claro que vuela! Ése es el problema. ¡Claro, claro! Lo comprendo. Pero es que a saber qué cantidad de enfermedades infecto-contagiosas portará. Eso sí. De acuerdo, esperamos. Muy bien. Calle Berenguer de Bardají, número treinta y dos, treinta y dos izquierda, digo, tercero izquierda.

Mi madre colgó el teléfono y nos confirmó que los bomberos habían dicho que están para emergencias más urgentes e importantes que la nuestra. Pero que una unidad especial haría acto de presencia en nuestra casa.

Todavía tenía mi madre la palabra en la boca, cuando una persona llamó a nuestro timbre: un bombero.

—¿Es aquí donde un canario portador de millones de bacterias, protozoos y no sé cuántos bichos más está produciendo un desastre sin precedentes? —preguntó el bombero, sin dejar de mover la cabeza.

—Aquí es —contesté.

El canario revoloteaba sin ton ni son cuando el bombero —vestido de amarillo limón— asomó su cabeza.

El bombero no llevaba una manguera en la mano. Llevaba una jaula. El canario, al ver al bombero, tal vez al ver la jaula, comenzó de nuevo a revolotear por la cocina. Pero no le valió de nada. El bombero dejó la jaula en el suelo, sacó una flauta y la hizo sonar. Una bonita música, quizá de Vivaldi, surgió del instrumento. Mi madre se quedó quieta, mi hermana se quedó quieta, el canario se posó sobre la mesa y se quedó inmóvil. Parecía de plástico. El bombero me hizo un gesto para que fuese yo quien lo atrapase. Lo cogí. Nuevamente era mío.

La música cesó. Lo metí en la jaula que había traído el bombero, y mi despertador sonó: «Pi, pi, pi». «Pío, pío, pío, pío, pío, pío»...

Mi madre, mucho más tranquila, invitó al bombero a tomar un café. El bombero, sin poder disimular su alegría, con un ojo miraba al canario y, con el otro, el humo que salía de la taza. Se tomó el café y dijo:

—Ha sido el mejor café que he tomado en mi vida —dijo con una sonrisa, y añadió mirándome a los ojos—. Que no se te vuelva a escapar. Es un canario muy bonito, que necesita mucho cariño.

El bombero recogió una pluma que se le había soltado al canario, sacó un microscopio y puso la pluma sobre la platina, aproximó su ojo a la lente y dijo:

—De enfermedades infecto-contagiosas nada de nada. Está completamente sano. Ni un solo microorganismo.

Se despidió amablemente y se fue.

Más tranquilos, esperamos la llegada de papá. Vino con el periódico debajo del brazo y con una bolsa de cruasanes recién hechos. Comentó que había visto un bombero vestido de amarillo canario en bicicleta que salía de nuestra calle, pero que no había visto fuego por ningún lado.

Añadió que quizá alguna persona se había quedado atrapada en el ascensor. O que tal vez… No le dejé terminar, le señalé la jaula con el canario dentro, balanceándose en un columpio de madera.

—¿Qué hace ese canario ahí? —preguntó mi padre confuso.

Había llegado el momento de explicarle todo lo que había pasado mientras él compraba el periódico y los cruasanes. Apenas quince minutos y lo que habían dado de sí. Mi padre me miraba expectante. Ponía cara de palo, como no creyéndose nada de lo que salía de mi boca. Se levantó y tocó la jaula. Metió un dedo entre los barrotes y el canario ni le picó ni nada.

—Pío, pío.

Terminadas mis explicaciones, desayunamos tranquilamente.

3

Cuando todos acabamos de desayunar, cogí la jaula y la trasladé al cuarto de estar. Comprobé qué sitio era el mejor para el canario o para la jaula.

La coloqué junto a una planta trepadora de interior, muy bonita, que mi madre cuida con mucho mimo. Sólo le falta que se siente en una banqueta y coma con nosotros.

—¿Te parece un buen sitio para mi nuevo amigo? —le pregunté a mi hermana, que me observaba apoyada en el marco de la puerta.

Se encogió de hombros y movió la cabeza primero hacia un lado y luego hacia el otro, como negando, y me advirtió misteriosamente:

—Tendrás que tener cuidado.

—¿De qué tendré que tener cuidado, hermanita?

—Has puesto la jaula muy cerca de la planta trepadora. Como nuestra querida madre se despiste, igual riega también a tu nuevo amigo.

Le hice una mueca a mi hermana y puse toda mi atención en el recién llegado. El canario me miraba con ojitos dulces, transparentes, como si nos conociésemos de toda la vida.

Creí encontrar el amigo que necesitaba, al que confesar todos mis secretos. Al

amigo que, con sólo mirarle, comprendemos lo que nos quiere decir.

—Me lo voy a quedar —le dije a mi hermana—. Será mi nuevo amigo. Uno más de la familia. Ya no seremos cuatro, seremos cinco.

—Muy bien, pero si alguien lo reclama tendrás que devolverlo —me respondió—. Recuerda que te lo has encontrado.

—Pero, mientras tanto, será mi amigo.

—Un amigo sin nombre —dijo mi hermana.

—Eso lo arreglo pronto. Es tan sencillo como ponerle uno. Por ejemplo...

Y la mente se me quedó en blanco. No me salía ningún nombre. Ninguno.

Mi hermana abrió su boca:

—*Alejandrosanz*.

—No, no me gusta. Demasiado largo.

—*Sanz*.

—Demasiado corto.

Y algo surgió de algún rincón de mi cerebro.

—*Bombero* —dije con aire satisfecho.

—*¿Bombero?* ¡Qué nombre más extraño! —exclamó mi hermana.

—No es extraño —dije sonriendo con satisfacción—. Además, gracias al señor bombero él está aquí. Así que se llamará *Bombero.*

—Pero igual el canario, o sea *Bombero,* ya tiene otro nombre —dijo mi hermana—. *Luismiguel,* por ejemplo. O *Copito de nieve.*

—*Copito de nieve,* imposible. *Copito de nieve* no es nombre para un canario.

—Tampoco lo es *Bombero* —me contestó algo irritada.

—Pero *Bombero* es mío. Y a mí me parece que es el nombre ideal. ¿A que sí, *Bombero?*

Y *Bombero* no es que dijera que sí, pero inclinó la cabeza. Como diciendo que sí, que le parecía bien.

No sé si fue casualidad o no, pero aquel gesto de *Bombero* bastó para que mi hermana se diera por vencida. Pero como siempre tiene que decir la última palabra, añadió:

—*Bombero*, ja. Me río yo de ese nombre.

4

Mientras, mi padre leía el periódico: los titulares, las columnas de opinión, las páginas de deporte, la crónica de sociedad, la de sucesos...

—¡Eh!, escuchad esta noticia del periódico —dijo.

Se aclaró la garganta, alzó su voz y leyó esta columna:

Cincuenta mil euros por un canario

MARÍA RAMÓN CORTANA, Madrid.

El consulado de Brunei en España informó ayer de la extraña desaparición del canario preferido del hijo menor del sultán de Brunei.

El hecho se produjo sobre las 16:00 horas del miércoles. Fuentes policiales explicaron que el hijo menor del soberano se ausentó durante unos minutos de su habitación, la *suite* de un céntrico hotel de la capital. Cuando regresó, el canario de Brunei había desaparecido. Estas mismas fuentes descartan el posible secuestro del canario ya que todo apunta a una probable negligencia por parte del hijo menor del sultán de Brunei.

El canario, de casi dos años de edad, que atiende al nombre de *Sabeh del Sabah el Saboh*, lleva en su pata derecha una anilla de oro de veinticuatro quilates. Su penacho es amarillo anaranjado; el flequillo, un tanto azulado; los ojos son marrones y la cola es verde.

Fue el propio cónsul quien apuntó la cantidad millonaria (cincuenta mil euros) para la persona que localice al canario. Así mismo facilitó este número telefónico 65 65 74 0...

Mi padre levantó la vista del periódico, se calló y clavó su vista en mi canario.

Mi hermana y mi madre señalaban la jaula con el dedo índice. Pero la jaula era lo menos importante. Lo que realmente estaban mirando, apuntando con sus dedos, era su contenido: *Bombero*.

—¿Qué hace el canario del hijo pequeño del sultán de Brunei aquí? —dijo mi padre—. Ricos, somos ricos.

—Un momento —le dije temeroso—. Es imposible que *Bombero* sea el canario perdido —mi padre se levantó y se dirigió hacia a la jaula.

—Es él. No cabe la menor duda —dijo mi hermana.

—Es él. No cabe la menor duda —afirmó mi madre.

—Es él. No cabe la menor duda —sentenció mi padre.

—No puede ser. Seguro que se trata de un error —repliqué atemorizado—. Es imposible. Me lo encontré esta mañana en la ventana de mi habitación. Este canario está lleno de enfermedades infecto-contagiosas. De cientos de microbios. Mamá lo ha dicho nada más verlo. No puede ser que el canario del hijo del sultán esté lleno de microbios.

Por la cara que ponían mis familiares más allegados, no les estaba convenciendo. Estaba derrotado.

La máquina del tiempo",
pañola "El florido pensil"
una comedia juvenil de Joel
sólo 20 años,
ajado en televisión, ha gra
discos -de los que lleva vend
de 50 millones de copias en to
ando- y desde ahora se codear
gran pantalla con los cotizados
de Hollywood. Spears ha de-
como intérprete con "Cross-
Hasta el final", película que se

—Pío, pío.

—Además, según ha leído papá, el canario del hijo pequeño del sultán de Brunei lleva una anilla en la pata derecha —cosa que llevaba mi nuevo amigo; tragué saliva. «Gluuuuuuup»—. Pero el

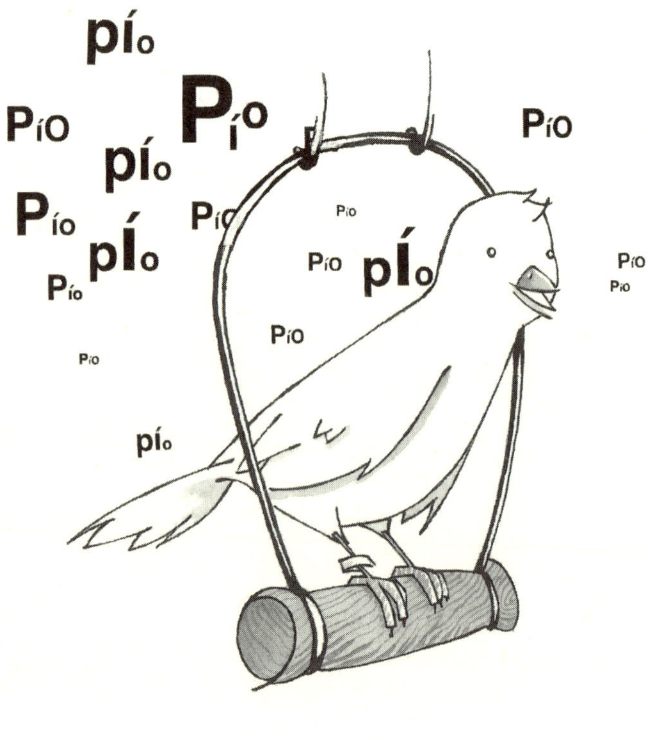

periódico dice que tiene manchas anaranjadas —*Bombero* las tenía, ni una sola mancha marrón. Se me hizo un nudo en la garganta. Mis venas latían con violencia. «Gluuuuuuup»—. En cambio, los ojos, los ojos son, son…

—Marrones. Como dice el periódico —me interrumpió mi padre, que se frotaba las manos.

—Pero el periódico dice que la cola es verde. La cola de mi canario era… era blanca. ¡Yuuuuhuuuuuu! La cola de *Bombero* es blanca, blanca. ¡Yuuuuhuuuuuu!

Mi padre dobló el periódico, enojado, y lo arrojó sobre la mesa. Le faltó solamente un centímetro al cenicero para no caer al suelo.

—¡Qué poco dura la suerte en casa del pobre! —dijo mi madre con pena.

Y ordenó a mi padre colocar el cenicero

en el lugar exacto. Cosa que hizo sin rechistar.

Mi hermana encendió el televisor. Una cantante de fama mundial, vestida con un traje de papel de aluminio, cantaba una canción con un estribillo muy comercial.

Mi padre cogió de nuevo el diario, se dejó caer en su sillón preferido, y continuó leyendo como si nada hubiese pasado.

5

Cuando todo parecía haber vuelto a la normalidad, mi madre dijo:

—Podríamos pintarlo.

—Pintar, ¿el qué? Si pintamos el pasado verano —respondió mi padre, que si hay algo que odia en este mundo es pintar paredes, techos, puertas, ventanas...

—¿Mi habitación? —preguntó mi hermana.

—No —dijo mi madre mirando, inexpresiva, a *Bombero*—. Tu habitación, no. A él —sentenció mirando al canario.

—¿Al canario?

—¿Al canario?

—¿A *Bombero?*

Le faltó tiempo a mi padre para ir a buscar una pintura con que pintar la cola de *Bombero.* Buscó en su armario de bricolaje. Empezó a revolver todo: su caja de herramientas, su taladro de mano, sus destornilladores, sus brocas... Por suerte la única lata de pintura que encontró en su armario de bricolaje era un barniz para puertas y ventanas. Una lata de barniz que, casualmente, se llamaba el sultán.

Cerró la puerta del armario y fue directo a la jaula. Sin nada en las manos, con una idea en la cabeza, con una pregunta en la punta de la lengua:

—¿Sabes si está abierta la tienda de la esquina? —le preguntó a mi madre, sin quitarle ojo a mi canario.

—La tienda de la esquina está abierta todo el año —le respondió.

—Sí, pero las latas que venden son de conservas vegetales, o de sardinas en aceite. No creo que vendan latas de pintura —dije sabiendo de sobra que era imposible que la tienda de la esquina, que tiene de todo, no tuviese latas de pintura.

—Yo tengo una cajita de acuarelas —dijo mi hermana abriendo su mochila y sacando una caja metálica de pastillas de acuarelas escolares.

A mi padre se le alegró la cara. Otra vez volvía a ser un hombre rico. Se acercó a la jaula, abrió la puerta y sacó a *Bombero.* Su mano lo envolvía por entero. No se le veía ni siquiera la cabeza.

—Pío, pío.

—Papá, esto que vais a hacer es un disparate.

—¿Un disparate? No lo creo así —dijo alguien.

—Puede ser que *Bombero* pase por ser el canario preferido del hijo pequeño del sultán de Brunei —dije yo—, pero, como descubran el engaño, estamos perdidos. No sabéis el mal genio que tiene esa gente que vive tan lejos. El tío de mi amigo Luis...

—¡A callar! —ordenó alguien.

De nada sirvieron mis palabras. Mi padre ya había abierto la caja de acuarelas y mezclaba diferentes tonalidades en un pocillo blanco de plástico. Parecía que hubiese pintado con acuarela toda su vida.

«Pío, pío, pío. Pero ¿qué estáis haciendo conmigo?», parecía decir *Bombero.*

Mi hermana sujetaba a *Bombero,* mi madre desplegaba las plumas de su cola, mi padre las coloreaba cuidadosamente con un pincel de mi hermana, y yo lloraba.

—Pío, pío. Pío, pío.

Mi padre disolvía la acuarela en agua y la aplicaba con exactitud en las plumas de la cola. Con la cabeza baja, concentrado en su trabajo. Terminó su faena pintándole unas manchitas amarillas.

—Ya está listo —dijo satisfecho mi padre soplando sobre la nueva cola de *Bombero.*

—Perfecto, papá —le alentó mi hermana.

—No sabía yo de tus aptitudes para las bellas artes —dijo mi madre con cierto retintín.

Muy a mi pesar, no había ninguna diferencia entre la descripción del periódico y el aspecto actual de *Bombero.*

—Ahora sólo nos queda llamar al número de teléfono y esperar a que nos ingresen los cincuenta mil euros en nuestra cuenta corriente.

Mi padre sonrió abiertamente, sin disimulo. Mi madre y mi hermana, también. Yo no sabía qué hacer. Mi padre parecía otro. Tal vez lo mejor era darle la razón o quizá debía abrir la ventana y gritar al mundo entero que mi familia era una familia de tramposos. Estaba confundido. Mientras tanto, mi hermana marcó el número de teléfono que citaba el periódico.

«Pi, pi, pi, pi, pi, pi, pi, pi, pi.»

—Pío, pío. Pío, pío.

Mi hermana pasó el teléfono a mi padre.

—Buenos días, señor. Sí. Efectivamente, se trata del asunto del canario. Sí. Sí. Lo ha encontrado mi hijo pequeño. Sí, sí. Ha sido esta misma mañana. Sí, claro. En la ventana de su habitación. La suerte nos ha llamado a la ventana, señor. Claro, claro. Obviamente. Sí, cómo no. Espero.

Entonces el individuo que estaba al otro lado del teléfono pasó el aparato a otro señor cuya voz parecía el rugido de un león. Mi padre apartó el auricular de su oreja.

La voz de aquel individuo se podía escuchar desde cualquier habitación. Le preguntó a mi padre:

—¿Estará usted completamente convencido de que se trata del canario preferido del hijo pequeño de nuestro Ilustrísimo y siempre bienaventurado sultán de Brunei?

—Por supuesto, señor. La descripción que detalla el periódico es idéntica a la del canario que encontró mi hijo.

—En menos de un cuarto de hora, pasará por su domicilio un coche oficial. Un señor llamará tres veces al timbre y recogerá el canario. ¿Queda claro?

—Muy claro, señor. En ese período da tiempo para que se seque —se le escapó a mi padre.

—Para que se seque, ¿el qué? —preguntó alarmado el interlocutor.

Mi padre se dio cuenta de su error.

—No, nada, nada. Para que se seque... para... para que se seque el pasillo de la casa. Es que mi mujer acaba de fregar el pasillo, yo acabo de fregar la vajilla del desayuno. En mi casa todos echamos una mano, ¿sabe usted?

—Ah, bueno —contestó el desconocido.

—Una cosa quería preguntarle, si no es molestia —dijo mi padre.

—Pregunte.

—¿Cómo es que están buscando en nuestro país al canario preferido del hijo pequeño del Ilustrísimo y siempre bienaventurado sultán de Brunei?

—Comprendo su duda. El hijo pequeño de nuestro Ilustrísimo y siempre bienaventurado sultán está residiendo una temporada entre ustedes. Desea aprender sus costumbres, su lengua, por eso se encuentra aquí. En este país de sol y lleno de gente agradable, de gente honrada...

Y los dos se despidieron entre alabanzas al hombre más rico del planeta tierra.

6

Los minutos pasaron silenciosos, lentos. Nadie decía nada. En el televisor unos vídeos musicales sucedían a otros. Tal vez mi padre soñaba con su nuevo coche; mi madre, con una casa con jardín y piscina en forma de corazón; mi hermana, con tener un potente ordenador para navegar por internet. Yo, de eso estaba seguro, pensaba que, tarde o temprano, se descubriría el pastel. Imaginaba al sultán maldiciendo al sinvergüenza que había pintado la cola del canario.

En esos pensamientos estaba cuando el timbre de mi casa sonó tres veces. «Ring», una. «Ring», dos. «Ring», tres.

Nos asomamos a la ventana. Un flamante mercedes negro con los cristales ahumados estaba parado en medio de nuestra calle. Dos pequeñas banderas de Brunei ondeaban en los laterales del coche. Un gigante de anchos hombros, con una barba en abanico, vestido impecablemente con un traje negro de tres o cuatro mil dólares, esperaba junto al coche.

Mi padre dio un beso a mi madre, cogió la jaula con *Bombero* dentro y bajó.

Salió del portal y avanzó hacia el gigante. Se estrecharon las manos. Mi padre le dio unos golpecitos en la espalda. Pienso que este gesto no le gustó al emisario

especial. Le entregó la jaula. El señor se quitó sus gafas negras y se colocó unas gafas graduadas que sacó de uno de sus bolsillos. Aproximó su cabeza y examinó cuidadosamente el contenido de la jaula. Afirmó lentamente con la cabeza. Mi padre le señaló la ventana de mi habitación, y los dos alzaron la vista. Me vio.

El hombre alargó su mano y mi padre la volvió a estrechar. Jaula, canario y emisario desaparecieron en el interior del coche de película de gángsters. Mi padre subió a casa.

—¿Qué ha sucedido? —preguntó mi madre.

—¿Qué te ha dicho? —quiso saber mi hermana.

Yo no pregunté nada. Me sentía realmente mal. Había perdido un amigo. Un amigo que yo mismo había encontrado.

Un amigo con el que apenas había compartido unas horas de mi vida.

—Me ha dicho que no salga de casa, que antes del mediodía él mismo estará de vuelta con la recompensa —comentó limpiándose alguna gota de sudor.

—No me lo puedo creer. Semejante cantidad de euros por un canario perdido. Siempre te estaremos agradecidos, César —dijo mi hermana.

Se me fueron las ganas de hacer nada. Me senté en el sofá, sobre los almohadones, y me quedé medio dormido.

Mi madre se sentó junto a mí y pasó sus dedos por mi pelo, como cuando tengo fiebre.

Me despertó el timbre de la puerta. Sonó tres veces: «Ring», una. «Ring», dos. «Ring», tres. Como cuando, una hora antes, apareció el emisario especial.

Mi padre, que se había vestido con su mejor traje y corbata, contestó al portero automático:

—¿Quién es?

—Asunto canario —respondió una voz, con cierto acento extranjero—. Bajen usted y el niño que encontró el pájaro.

Y «pájaro» lo dijo en un tono muy diferente a lo anterior.

Mi padre me miró, tapó con una mano el auricular del telefonillo automático y me dijo en voz baja, abriendo mucho la boca:

—Quiere que bajemos los dos, tú y yo —y respondió a su interlocutor—: Es que el chico está algo acatarrado y con el frío que hace…

—¡He dicho los dos! El trato no tendrá efecto si no bajan ustedes dos. Disponen de ciento ochenta segundos.

Y comenzó la cuenta atrás:

—Ciento ochenta, ciento setenta y nueve, ciento setenta y ocho…

Mi padre me hizo un gesto para que me vistiese rápido. No es que estuviera desnudo, pero es que todavía llevaba el pijama.

—Por supuesto, señor. Ahora mismo bajamos —dijo mi padre colgando el telefonillo.

Mi padre abrió el armario donde guarda sus cosas y sacó su maletín.

—Por si acaso nos pagan en efectivo —dijo con una amplia sonrisa.

En un periquete, en un canariete, en este caso, me vestí y bajamos los dos a la calle.

El gigante daba algo de miedo. Sus rasgos eran los de una persona nacida en Oriente. Llevaba un teléfono móvil en la mano. Tal vez un pistolón en un sobaco. Nos hizo un gesto para que entrásemos en el coche. Su mirada daba miedo. Mi padre entró primero. Le seguí. Me dieron ganas de volver a casa, pero no podía dejar a mi padre solo. El hombre subió al coche, también en el asiento de atrás. Podían haber subido mi madre, mi hermana, el vecino del segundo y así hasta los del séptimo piso. Aquel coche era inmenso, gigantesco. El emisario no dijo

nada, nada que pudiéramos entender, porque lo que habló lo habló en una lengua extranjera, y se lo contó al chófer.

Miré a mi padre, que dijo:

—Yo también estoy haciendo un curso de inglés. No hay nada como hablar varios idiomas para viajar por el mundo. Hoy en día...

—¡Cállese! —le cortó el gigante.

Ni que decir tiene que nadie habló. A mi papaíto no lo sé, pero a mí me dio tiempo de pensar en todo: que mi padre, eufórico, llenaba el maletín con la recompensa; que éramos amordazados y luego maltratados hasta confesar nuestro engaño; que...

Cuando llegamos a la puerta de un lujoso hotel, el coche paró. El tipo maleducado consultó su reloj de pulsera y dijo con un tono de voz un tanto molesto:

—Síganme. Por cierto, puede dejar el maletín en el coche. No lo va a necesitar.

A mi padre le cambió el color de la cara.

No pudimos hacer otra cosa que seguir a aquel tipo. Dos gigantescos guardaespaldas nos guardaban las espaldas. También evitaban nuestra huida.

7

El interior del hotel era de película. Parecía un palacio. Las alfombras relucientes, tal vez hechas a mano, las lámparas con mil bombillas colgaban de los altos techos, las plantas naturales brillaban resplandecientes... Conserjes y botones con botones de plata se inclinaban a nuestro paso. Entramos en un ascensor y el ascensorista apretó el botón *suite*. Subimos.

Una vez en la décima planta, el emisario no tuvo que abrir ninguna puerta. Un tío que nunca podría entrar en aquella habitación, porque no cabía por la puerta, nos la abrió. Y, claro, se quedó fuera.

Aquella habitación era como siete veces nuestra casa. Espectacular. Y sólo se trataba del salón.

Enfrente de nosotros, un señor de bigote finísimo y rostro simpático, sentado tras una mesa estilo Luis Mil doscientos quince, nos llamó. Su acento también era extranjero:

—No se queden ahí parados, señores. Tomen asiento —y nos mostró dos sillas que hacían juego con la espectacular mesa.

Estoy seguro de que la superficie de aquella mesa era mayor que la de mi habitación.

Nos ofreció su mano y se la estrechamos.

—Havier Delserer Sharar, secretario personal del hijo pequeño de nuestro

Ilustrísimo y siempre bienaventurado sultán de Brunei —nos informó.

Aquel señor era mucho mayor que mi padre, seguro.

—Alberto Valdecantos Marzo —dijo mi padre, y continuó—: Y mi hijo, César Valdecantos Abril.

—Bien, bien. Hechas las presentaciones, es el momento de hablar de ne-gocios —«negocios» lo dijo espaciando mucho las sí-la-bas—. Como saben ustedes, la noticia ha aparecido en todos los periódicos de la mañana, la mala suerte llegó a nuestra puerta, y parece ser, que la buena estrella llegó a su ventana.

Abrimos mucho los ojos. Havier Delserer no sé qué, con las manos entrelazadas, continuó hablando:

—La desaparición del canario preferido de mi protegido ha supuesto un golpe terrible en su ánimo. Su Excelencia no come, no estudia, no juega... Sólo llora. Y lo que es peor: ha conseguido telefonear a su padre y le ha contado lo sucedido. Me juego el cargo, y no sólo eso, mi vida pende de un hilo. Estoy entre la espada y la pared —aquí hizo una pausa, miró al techo y continuó—: No quisiera alarmarles, pero sus vidas también están en peligro.

Mi padre saltó:

—¿Nuestras vidas? Eso es imposible. Nosotros nos hemos limitado a...

—Sé a lo que se han limitado ustedes. Y lo han hecho muy bien. Muy bien, sí, señor.

Entonces el secretario personal hizo unas castañetas con los dedos. Una puerta se abrió y apareció ante nosotros una señorita guapísima que transportaba una jaula de metal dorado, reluciente, rematada en una flor de oro. El pie de la jaula era indescriptible. En su interior se encontraba *Bombero*. Me sonrió. Ni que decir tiene que me puse muy contento de volverlo a ver. Vivo todavía, con su cola pintada de verde. Trinando:

—Pío, pío.

La muchacha separó la jaula del pie, la dejó encima de la mesa y se retiró por donde había llegado. Pero volvió a aparecer, ahora con un maletín en una mano. Lo ofreció al secretario y se retiró como se retiran las chicas guapas que salen en los concursos de televisión.

—Visto lo visto —continuó el secretario—, ha llegado el momento de cerrar el trato. Se puede decir que están de suerte.

Creo que mi padre imaginó el maletín repleto de dólares sobre los que asentar su futuro. Sonrió sin disimulo. El secretario se levantó, se aproximó a la jaula y metió un dedo entre los barrotes.

—Está claro que lo que hay dentro de esta jaula es un canario. No sabría decirle qué tipo de canario. Si se trata de un *Malinois,* o de un *Timbrado Español* —se frotó la nariz, como si le picara—. Es obvio que su penacho es amarillo anaranjado; ni que decir tiene que su flequillo es un tanto azulado; salta a la vista que los ojos del canario que está dentro de la jaula son marrones. Sería imposible saber si atiende al nombre de *Sabeh del Sabah el*

Saboh, *Copito de nieve* o *Enriquebumbury*, por citar tres ejemplos.

El señor guardó silencio por un momento, se miró con atención las yemas de los dedos, las uñas, tocó un timbre y una puerta se abrió.

8

De la oscuridad salieron más de veinte tipos vestidos con túnicas bordadas. Cada hombre llevaba en sus manos tres y cuatro jaulas llenas de pájaros. Habría más de cien canarios. Todos amarillos anaranjados. Todos diciendo «pío, pío». El secretario hizo un gesto y los tipos dejaron las jaulas en el suelo y se esfumaron por donde habían venido.

El secretario, con pasos cortos, se paseó por delante de las jaulas llenas de canarios. Señaló las pajareras y dijo:

—Ciento tres canarios, tres petirrojos y cuatro jilgueros. Cuarenta y dos tienen una anilla en la pata izquierda. El resto en la pata derecha. Todos ellos similares, si no iguales, al desaparecido —se mordió el labio inferior, lo succionó pensativo, y siguió—: Se podría decir que el canario que encontraste tú, pequeño, es *Sabeh del Sabah el Saboh*, pero la anilla no es de oro. Solamente se trata de una anilla de identificación. Pero este detalle se puede arreglar sin mayor problema.

Mi padre se quedó blanco, se le esfumaron todos sus sueños: el nuevo coche, el viaje a Cancún...

—¿Quién pintó la cola del canario? —preguntó de repente el secretario.

Mi padre dijo:

—¡Tierra, trágame! —y después, casi atragantándose—. Ser-vi-dor.

—Le felicito, amigo. Es usted un artista. Lo ha bordado. Ha conseguido que su canario sea una réplica perfecta del canario favorito de su alteza.

Nos señaló una pantalla, presionó un mando a distancia y pudimos ver cómo un niño, aproximadamente de mi misma edad, jugaba con *Bombero.* El muchacho le ofrecía su dedo y *Bombero* se posaba en él. Y trinaba. Se los veía contentos, radiantes de alegría. Estaban hechos el uno para el otro.

No podía entender cómo *Bombero* estaba delante de nosotros y, a la vez, en la pantalla. El secretario, de nuevo sentado en aquella silla cargada de adornos, se dio cuenta de mi extrañeza.

—Sólo se trata de un vídeo grabado esta misma mañana. Su Majestad, en estos momentos, está en sus rezos —e hizo una pausa—. Como podrán ver, la fortuna les ha sonreído —prosiguió con su tono amable y caballeroso—. De nada serviría decirle a su Majestad que el canario con el que juega no es el extraviado, no es el canario que andamos buscando. Guardaremos este secreto entre nosotros, entre caballeros. Pero, permítame —se dirigió a mi padre, torciendo un poco la cabeza—. ¿Qué cantidad de dinero había imaginado como recompensa?

—Pues yo...

—Pues no se hable más —dijo el secretario incorporándose, dejando a mi padre con la cantidad en la boca—. Aquí tiene este maletín como muestra de nuestro agradecimiento. Tal vez la cantidad no sea la adecuada por este gran favor que nos ha hecho, pero no está mal —afirmó sonriendo.

—No, no puedo coger el maletín. No sería justo. Ha sido una torpeza por mi parte, lo reconozco —dijo mi padre apartando el maletín, totalmente convencido.

—No sea tonto, amigo. Lo que importa es que el hijo pequeño de nuestro sultán sea feliz, y lo es. Ya ha visto cómo jugaba. Por cierto, muchacho —dijo mirándome a los ojos—, ¿cómo se llama el canario?

—Yo le llamaba *Bombero,* pero antes de encontrarlo en la ventana, no lo sé.

—Entonces, ¿es cierto que te lo encontraste en la ventana?

—Sí, señor.

—Pues entonces, como reconocimiento a tus sentimientos bondadosos, por no dejar morir de frío al animalito, toma el maletín.

Y me ofreció el maletín. Lo cogí como quien toma entre sus brazos a un bebé. La verdad es que no pesaba mucho.

—El maletín no debe abrirse hasta que ustedes dos estén en su casa —nos advirtió—. El mismo coche que los ha traído hasta aquí los llevará de regreso. Una vez en su casa, pueden proceder a su apertura. Espero que el contenido sea de su agrado. Y recuerde —dijo mirando a mi padre—: este secreto debe quedar entre nosotros. Lo mismo te digo a ti, muchacho.

Esas fueron sus últimas palabras.

Y nos despedimos entre agradecimientos y loas a todo lo relacionado con Brunei.

9

El trayecto de vuelta se me hizo más largo. La ciudad ya estaba totalmente despierta.

Mi padre, nervioso, no hacía otra cosa que tamborilear con sus dedos el lomo del maletín-regalo. Me cogía de la mano y la apretaba fuerte, como diciendo «somos ricos, ya verás qué sorpresa se van a llevar tu madre y tu hermana». Yo miraba a través de los cristales ahumados. Podía ver el exterior, pero el exterior no me podía ver a mí.

Y mi padre y yo llegamos a casa. Como no podía ser de otra manera, mi madre y mi hermana nos esperaban asomadas a la ventana. Creo que mi padre nunca había subido tan rápido las escaleras. Tiempo récord. Mi hermana sacó una botella de champán de la nevera. ¡Qué perspicaz! Y llenó unas copas. Todos estábamos sentados alrededor de la mesa de nuestro cuarto de estar. Todos impacientes. Todos expectantes.

—Toma, cariño, ábrelo tú —dijo mi padre, ofreciendo el maletín a mi madre.

—No, no, que lo abra César —contestó ella—. Él es el auténtico protagonista de esta historia.

Así que no me quedó más remedio que abrir el maletín.

«Clac, clac.»

—¡Ooooooohhh! —dijimos todos.

El maletín era más bien grande, pero el sobre marrón, acolchado, que estaba en el interior, era más bien pequeño, del tamaño de un folio, pero bastante abultado. Nadie me tuvo que decir que abriese el sobre acolchado. Lo abrí.

—¡Oooooohhh!

No sé cómo explicar que el contenido del sobre no fue del agrado de papá, o tal vez sí. Tampoco del de mamá. Y me da que mi hermana se quedó desconcertada. A mí, tengo que confesar que me gustó. Me sentí recompensado por madrugar una mañana de fiesta que me tendría que haber quedado en la cama hasta las mil.

Mi padre, ¿desencantado?, encendió el televisor. Qué casualidad, estaban emitiendo un documental de una diminuta isla perteneciente a la bahía de Brunei. Toda ella era un Parque Nacional de densos bosques, rodeado de playas de arena brillante y mares interiores poco profundos.

Fin

Nota del autor

Por saciar la curiosidad del lector, daremos nota del contenido del sobre marrón acolchado tamaño folio que había en el maletín:

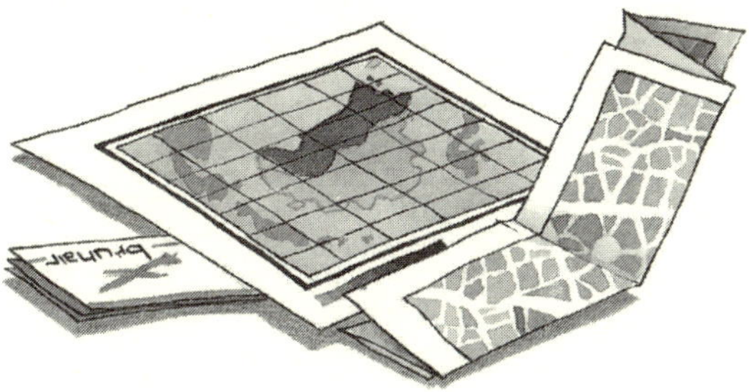

- Un mapa de Brunei, con anotaciones interesantes, escala 1:10 000.

- Un mapa de las calles de la capital de Brunei: Bandar Seri, escala 1:5 000.
- Cuatro billetes de avión, ida y vuelta; clase superlujo, con destino Brunei y escala en Zúrich.
- Un cheque de viaje por valor de 3.000 dólares.
- Y una nota manuscrita que decía:

QUE USTEDES LO PASEN BIEN.
GRACIAS POR TODO,

Ahora sí.

Fin

Títulos publicados

Serie Azul

1. *El Palacio de los Tres Ojos.* **Joan Manuel Gisbert**
2. *Las peleas de Inés y Paula.* **Patricia Wrightson**
3. *El canario de Brunei.* **Daniel Nesquens**
4. *Desde el corazón de la manzana.* **Juan Farias**
5. *Mi hermana es un poco bruja.* **Carlos Puerto**
6. *Malú y el marciano del ordenador.* **Blanca Álvarez**
7. *El niño que soñaba con ser héroe.* **Sylvain Trudel**
8. *Viejos amigos, nuevos amigos.* **Manuel L. Alonso**
9. *Renata toca el piano, estudia inglés y etc.* **Ramón García Domínguez**
10. *Con la música a otra parte.* **José Antonio del Cañizo**
11. *El gran problema del pequeño Marcos.* **Gilles Gauthier**
12. *La rosa del Kilimanjaro.* **Carlos Puerto**

SI QUIERES SABER MÁS SOBRE ESTE TEMA,
NO TE PIERDAS LA INFORMACIÓN
QUE APARECE EN:

www.grupoeditorialluisvives.es/dossier